INVENTAIRE

*B.5131......

I0122816

DISCOURS

SUR L'AUTORITÉ.

DE L'AUTORITÉ

QUI,

« PRÉVENANT LES ÉCARTS DE L'INDÉPENDANCE DANS LA
» SOCIÉTÉ RELIGIEUSE, CIVILE ET DOMESTIQUE, DE-
» VIENT LE PREMIER DE NOS INTÉRÊTS, ET LE PLUS
» INDISPENSABLE DES BESOINS SOCIAUX. »

Par M. ROBELOT,

ANCIEN CHANOINE DE DIJON.

Discours qui a obtenu le premier accessit dans la séance
de l'Académie des sciences, arts et belles-lettres de
Dijon, le 23 Août 1823.

> Hic est lapis... qui factus
> est in caput anguli ; et non est
> in alio aliquo salus.
>
> Act., IV.

A LYON,

CHEZ RUSAND, LIBRAIRE, IMPRIMEUR DU ROI.

A PARIS,

A LA LIBRAIRIE ECCLÉSIASTIQUE DE RUSAND,
rue de l'Abbaye, n.º 3.

1823.

J'étois sur le point de livrer à l'impression un nouvel examen de *l'influence de la réformation de Luther* sur la croyance religieuse, la politique et le progrès des lumières, lorsque je lus dans les journaux (en juin 1822), l'annonce du sujet de prix , remis au concours par l'Académie de Dijon, pour l'année 1823.

Cette compagnie savante demandoit le *développement de cette vérité :*

« Que l'autorité, en prévenant les écarts de
» l'indépendance dans la société religieuse,
» civile et domestique, devient le premier de
» nos intérêts et le plus indispensable des be-
» soins sociaux. »

Quelque sentiment que l'on adopte sur cette question , la religion, *premier lien de toute société*, offrira toujours les moyens les plus efficaces de concilier à l'autorité le respect et l'obéissance des peuples. Et si l'importance et l'urgence d'un choix entre toutes les croyances religieuses , ne peuvent plus être la matière d'un doute , plusieurs considérations de mon examen des influences respectives du catholicisme et du protestantisme , que j'allois mettre au jour, durent me paroître avoir une connexion étroite avec la solution désirée par l'Académie de Dijon.

Je m'occupai donc de cette solution.

Les circonstances furent un nouveau motif pour moi d'entreprendre ce travail; son objet étoit, en partie, celui de la question qui s'agite encore entre les nations et leurs chefs.

Lorsque ces nations, éclairées par une trop fâcheuse expérience, décident ce grand procès, puis-je espérer qu'un petit nombre de réflexions sur ce qui en fait le sujet, auront au moins le mérite de l'à-propos, quoiqu'elles n'aient pas été jugées dignes de la couronne ?

L'Académie de L⸱⸱⸱n , en reconnoissant que mon mémoire, sur dix-neuf qui lui ont été soumis, *avoit incontestablement le plus approché du but qu'elle avoit marqué*, a cru toutefois ne devoir lui accorder que le premier *accessit*. Elle n'a pas décerné le prix ; elle l'a retiré du concours.

QUELLE EST L'AUTORITÉ

QUI ,

« PRÉVENANT LES ÉCARTS DE L'INDÉPENDANCE DANS LA
» SOCIÉTÉ RELIGIEUSE , CIVILE ET DOMESTIQUE , DE-
» VIENT LE PREMIER DE NOS INTÉRÊTS , ET LE PLUS
» INDISPENSABLE DES BESOINS SOCIAUX ? »

ON fermeroit les yeux à l'évidence, si l'on
nioit les efforts tentés, depuis un siècle, pour
arracher l'homme à ses anciennes habitudes,
lui rendre suspectes ses antiques croyances,
exciter son mépris pour la sagesse de ses pères,
flatter son orgueil, en avilissant les objets de
sa reconnoissance et de son respect, l'égarer,
enfin, sur les doctrines le plus étroitement
liées avec son bonheur.

Il n'est donc pas étonnant qu'on reconnoisse,
de toutes parts, la nécessité de rallier des esprits
errans dans le vague et le vide des opinions nouvelles; que l'on s'empresse de les fixer autour
d'une autorité qui, en conciliant tous les intérêts, satisferoit à tous les besoins de la société.

C'est dans cette vue, sans doute, que l'Académie de Dijon, mue par une tendre sollici-
tude pour la prospérité de la patrie, demande
le *développement de cette vérité :* « Que l'au-
» torité, en prévenant les écarts de l'indépen-
» dance dans la société religieuse, civile et
» domestique, devient le premier de nos in-
» térêts, et le plus indispensable des besoins
» sociaux. »

A

Belle et grande question, digne des médi-
tations du philosophe, faite pour exciter l'intérêt de tout bon citoyen !

Son importance réveille le souvenir des
hommes célèbres dont s'enorgueillit, à juste
titre, la ville qui donne son nom à l'illustre
Académie ; et l'imagination se plaît à voir leurs
ombres environner le lieu des séances de cette
société littéraire, applaudir à ses graves déli-
bérations, en inspirer les précieux résultats.

Cette compagnie savante n'a pu observer
l'inquiétude qui règne dans tous les esprits,
les menées sourdes qui alarment plusieurs
états, les insurrections qui en bouleversent
d'autres, les attentats, suites horribles et san-
glantes de ces mouvemens séditieux, sans
apercevoir en même temps une connexion
intime entre la sûreté des trônes, la tranquillité
des peuples, la durée des empires, et la solution de la question qu'elle remet au concours.

Cette solution est donc dans la recherche et
la détermination de l'autorité, au maintien de
laquelle est attaché ce repos des nations, et
souvent jusqu'à leur existence.

Elle est dans l'étude des besoins et des premiers penchans de l'homme ; et ils seront nos
guides dans l'examen approfondi de la nature,
de l'origine et de l'influence de l'autorité sur
notre conduite privée et nos habitudes morales.

Elle est, enfin, dans l'indication des moyens
les plus propres à combattre et à dompter les

passions ; causes principales des écarts de l'indépendance, et des désordres qui jettent le trouble dans la société, et finissent par la dissoudre.

PREMIÈRE PARTIE.

LA foiblesse est le partage de l'homme abandonné à lui-même. Les premiers signes qu'il donne de la vie, sont des cris et des larmes. Il respire à peine, que déjà il implore et réclame des secours étrangers ; et ses premiers mouvemens le portent vers un soutien, un guide, un protecteur.

Besoin et nature de l'autorité.

« Né de la femme, ses jours sont remplis » de misères (1); » son enfance est un état perpétuel de dépendance. Dans l'adolescence, il s'égare et se perd, s'il ne recourt à la sagesse des vieillards. Que d'erreurs marquent ensuite les différentes périodes de sa carrière ! Tout conspire pour attester l'insuffisance du flambeau qu'il a reçu pour se conduire; et le besoin de communications avec un être supérieur paroît si pressant aux philosophes les plus renommés de l'antiquité, qu'ils demandent à la Divinité, « d'ôter le nuage qui est sur les yeux » de leur esprit, afin qu'ils puissent connoître » Dieu et les hommes (2). » Ils désespèrent d'être éclairés jamais sur « la manière de se

---

(1) Job, XIV.
(2) Pythagore.

» comporter envers Dieu et les hommes, s'il
» ne vient du ciel quelqu'un pour les en ins-
» truire (1). »

Au sein de la société, la différence des sexes,
la distance des âges, l'inégalité des facultés ne
rendent pas moins nécessaires la présence et
l'assistance de l'autorité.

Dans la première de toutes les sociétés, dans
celle dont l'amour, la reconnoissance et des
besoins mutuels forment et serrent les nœuds,
le mari est l'appui donné, par Dieu, à la femme.
Les père et mère y sont les nourriciers, les tu-
teurs, les conseils et les guides de leurs enfans.
Et quelle que soit la place qu'occupe l'épouse
dans la société domestique, de quelque dignité
qu'elle y ait été revêtue, depuis la propagation
du christianisme, on ne la voit pas moins partout soumise à l'époux; le père n'en reste pas
moins toujours le fort et le chef dans cette
société.

La docilité convient à la foiblesse. Combien
d'individus qui ne peuvent payer que de leurs
services! La nature les assujettit au plus puissant, au plus fortuné. Une intelligence plus
étendue, ou une aisance plus grande les lui
attache, comme à une seconde providence.

Mari, père, maître sont donc trois supériorités créées par l'Auteur de la nature. Et l'ordre,
la tranquillité, le bonheur se rencontrent com-

(1) Socrate et Platon.

munément dans la société domestique où ces autorités sont reconnues et respectées. Les coutumes et les lois des nations avoient plutôt étendu que restreint les prérogatives du mari, du père et du maître. Plusieurs peuples ont même accordé aux derniers, droit de vie et de mort sur leur progéniture et sur leurs esclaves.

Le nombre des familles croissant de plus en plus, leur voisinage fit naître un conflit d'intérêts. Les passions s'irritant, on éprouva le besoin de dispositions capables d'en prévenir les éclats et d'en étouffer les explosions.

Or, le choix de ces dispositions se règle sur l'inégalité de facultés, de talens, de lumières, établie si sagement par l'Auteur de l'univers: inégalité qui lie, qui unit les hommes les uns aux autres par une réciprocité d'intérêts et de services ; inégalité qui double leurs forces, qui leur ménage, dans la société seulement, une protection qu'ils chércheroient en vain dans cette solitude, soi-disant primitive, où une philosophie délirante les laisse errer à l'aventure, à l'égal de la brute avec laquelle elle les confond.

Les foibles sentent le besoin d'être soutenus. Ils cèdent naturellement le pas à celui qu'une intelligence plus vaste, qu'une valeur héroïque élèvent au-dessus d'eux.

On voit donc un défenseur dans le plus intrépide ; un législateur dans le plus éclairé.

L'on confie au premier le commandement contre l'ennemi commun. Le second est chargé de la confection des lois destinées à régir la petite société, à terminer les différens, à assurer les droits de tous.

Si les droits de la guerre, les succès des conquérans, le malheur qui met les vaincus à la discrétion du vainqueur, ou même le simple accroissement des familles, en agrandissant la société, concourent à former des nations, des peuples, des états; les plus anciennes traditions placent toutes un homme extraordinaire à la tête de ces peuples. C'est Fohi chez les Chinois, Menou chez les Indiens, Osiris chez les Egyptiens, Inachus chez les Grecs, Persée chez les Perses, Romulus chez les Romains.

Ils laissent ordinairement l'empire à leurs fils : car non-seulement les plus anciens gouvernemens connus étoient monarchiques, ils étoient encore modelés sur le gouvernement paternel. Le nom sacré de père fut même longtemps le nom commun et vénéré de quiconque, par son âge ou son rang, étoit élevé au-dessus de ses semblables. Il n'y eut aucun souverain qui n'ambitionnât ce titre d'amour; et le plus bel éloge que les sujets firent jamais de leurs rois, fut de les honorer du nom de PÈRES DU PEUPLE.

Cet accord de tous les hommes fut l'expression de la raison universelle, la manifestation de l'ordre immuable et éternel, ou de la vérité.

Il étoit en harmonie avec les inspirations de l'esprit et les sentimens du cœur. Car c'est au fort à défendre le foible, à la lumière de dissiper les ténèbres, au savant d'instruire l'ignorant, à l'ancien de guider le jeune homme inexpérimenté, à la tête de régir le corps. L'épouse se tient naturellement attachée à l'époux, comme le lierre à l'ormeau. L'enfant sourit à l'auteur de ses jours. Un respect involontaire le lui soumet, ainsi que le serviteur à son maître. Le cri de la reconnoissance reten , chez l'un et l'autre, au fond de leur cœur, comme dans celui de tous les subordonnés. Le mérite reconnu et la vertu éprouvée réclament et emportent nos hommages.

« Toutes les relations publiques sortirent » donc, dans l'enfance du monde, des rela- » tions d'amour et de respect domestique (1). » Ainsi partout, docile à la voix de la nature, on vit dans la famille, « le germe de tout état ultérieur de société (2). » Et quelque nombreuse que devînt cette société, son chef exerça tous les droits, jouit de toutes les prérogatives du père de famille, unique et véritable chef de la société domestique.

Oui, ce père de famille, et non un *soldat heureux*, fut le premier dans les mains duquel

(1) De Bonald (*législation primitive*).
(2) Ibid.

la nature déposa le sceptre. La famille croissant, l'autorité s'étendit ; et lors des démembremens qui se firent de la famille primitive, la forme de gouvernement , adoptée par ces portions sé-parées, fut très-vraisemblablement calquée sur celle qui existoit dans la famille aînée.

Un contrat entre les peuples et leurs chefs , est un rêve de la nouvelle philosophie. Ces chefs se trouvèrent faits ; on ne les fit pas. Une réunion d'hommes isolés , ne formant auparavant aucune société , est une chimère. En convenant même de son existence, on n'y rencontreroit, comme on l'a si bien observé ; que des hommes indépendans les uns des autres, et point de souverain. Qui commandera aux autres , quand tous ont un égal droit de commander ?

La souveraineté est une relation morale. Elle suppose donc un gouvernement établi. Ce gou-vernement une fois existant, le peuple est sujet et non souverain. Ou admettrons - nous que la multitude se soit dit : Faisons la loi et obéissons ; c'est-à-dire, soyons souverain et sujet en même temps ?... Je crois inutile de relever cette contradiction , et l'absurdité au moins aussi grande d'une cohue législatrice.

Que désire l'homme qui devient membre de la société ? Un protecteur , un chef qui lui garantisse la conservation de sa personne et de sa propriété, avec le moins de risque pour l'une et pour l'autre.

Plus l'autorité à laquelle il confieroit la
garde de ces deux biens, seroit revêtue de
force et de puissance, plus il auroit d'espoir
d'en jouir paisiblement, et plus la société
seroit à l'abri des orages politiques. Il auroit
également d'autant plus de garanties pour sa
sécurité, son repos et la paix, qu'il intéres-
seroit davantage l'autorité elle-même à cette
surveillance et au maintien de la tranquillité
publique.

Mais une autorité trop divisée finit par être
nulle.

Aussi la nature nous ramène sans cesse à la
loi de l'unité. Loi violée dans les gouvernemens démocratique, aristocratique et même
despotique. Le despote, en effet, contraint de
chercher un appui dans les milices, relègue
dans les camps la licence. Il y laisse un pouvoir
qui agite et trouble l'état ; un pouvoir qui
précipite, à son gré, le despote du trône sur
lequel il se croyoit inébranlable. Tel fut
autrefois le pouvoir des prétoriens à Rome,
des strélitz en Russie; tel est encore aujour-
d'hui celui des janissaires en Turquie.

« Le pouvoir VEUT, il doit donc être UN (1). »

Les annales des peuples sont ici d'accord
avec la raison.

Que l'histoire, pour piquer la curiosité de
certains lecteurs, doive être le récit des

_____

(1) De Bonald (Législ. prim., l. 1, ch. IX, n.° IV).

forfaits, des massacres, des bouleversemens
d'empires, qui signalent fréquemment la for-
mation et l'existence des républiques ; que
ces catastrophes politiques excitent davantage
l'attention par le mouvement, la variété,
l'éclat qu'elles répandent sur ce récit, cet éclat
pourtant, ce grand bruit, ces ruines des peuples,
ce *fracas effroyable* de la chute des trônes,
sont-ils les indices d'un gouvernement destiné
à procurer et assurer le bonheur de l'homme ?
Le repos, la stabilité ne sont-ils pas des
élémens essentiels de la véritable félicité ?

L'histoire des Grecs et des Romains nous a
plus attachés, dans notre jeune âge, que celle
des anciens peuples de l'Asie. Mais l'unifor-
mité et le petit nombre d'événemens saillans,
consignés dans l'histoire de ces derniers, ne
prouvent-ils pas qu'ils trouvoient, sous leurs
chefs, la paisible possession de leurs biens les
plus chers ; cette possession, but unique de
leur réunion en société ?

Or, l'autorité reconnue alors par ces peuples,
étoit celle d'un monarque.

Le gouvernement monarchique est tellement
celui de la nature, et conséquemment de la
RAISON, qu'il fut d'abord admis chez toutes les
nations. Son renversement, ou l'adoption du
régime démocratique, fut presque partout la
suite d'une révolte, et dès lors d'un désordre.

« Rome, dit Bossuet, a commencé par la
» monarchie, et y est revenue, comme à son

» état naturel. Ce n'est que tard et peu à peu
» que les villes grecques ont formé leurs répu-
» bliques. Homère avoit dit, dans les temps
» anciens : *Plusieurs princes ne sont pas une*
» *bonne chose ; qu'il n'y ait qu'un prince et*
» *qu'un roi.* A présent il n'y a pas de répu-
» blique qui n'ait été autrefois soumise à des
» monarques. Les Suisses étoient sujets des
» princes de la maison d'Autriche. Les Pro-
» vinces-Unies étoient sous la domination de
» l'Espagne et de la maison de Bourgogne.
» Les villes libres d'Allemagne avoient des
» seigneurs particuliers. Les villes d'Italie,
» qui se formèrent en républiques, achetèrent
» de l'empereur Rodolphe leur liberté. Venise
» même, qui se vante d'être république dès
» son origine, étoit encore sujette aux empe-
» reurs sous le règne de Charlemagne, et
» long-temps après (1). »

L'unité est si essentielle à tout gouvernement
que, chez ces peuples républicains, on opposoit
des contrepoids à la puissance que s'étoit
arrogée la multitude, afin d'écarter cette multitude du gouvernement proprement dit.

Sparte avoit ses rois et ses éphores.

Athènes avoit son aréopage et ses archontes.
Le peuple qui se prétendoit souverain, y
faisoit-il plus qu'obéir aux volontés d'un
Périclès, d'un Alcibiade, d'un Cléon, ou de

(1) Politique sacrée.

tout autre, qui avoit su capter sa faveur ? et
n'est-ce point toujours, à la fin, l'avis d'un
seul qui fait loi ?

Le peuple romain ,

« Pour un roi qu'il avoit, qui trouva cent tyrans, »

le peuple romain, dans les momens de dé-
tresse, et pour les objets les plus importans,
créoit un dictateur. Toute autre autorité étoit
alors suspendue de ses fonctions. Un sénat
tempéroit la fougue des plébéiens et leurs
emportemens ; et un des rois de Rome, ayant
rejeté cette multitude inquiète dans la dernière
centurie, presque toujours la décision avoit
passé, avant que cette centurie fût appelée,
pour donner son suffrage.

Ce peuple souverain fut ordinairement le
jouet des tribuns qui flattoient son orgueil. On
compte plus d'années où il obéit à la volonté
d'un seul, que d'années où il crut exercer sa
prétendue souveraineté. Il fallut le conduire
hors des murs de Rome, pour assurer au-dedans
le calme et la tranquillité. Sans les guerres
extérieures, les discordes intestines l'eussent
beaucoup plus tôt contraint de fléchir sous le
joug. Il sacrifia à son repos celui des nations
voisines, puis celui des nations éloignées chez
lesquelles il porta le fer et la flamme.

Nous chantons les exploits de ses légions ;
nous célébrons leurs triomphes ! Les lauriers
qu'elles cueillirent, dégouttoient cependant
du sang des peuples exterminés ou enchaînés

au char du vainqueur! A peine rentrés dans leurs foyers, ces *guerriers-citoyens*, créatures d'un Marius, d'un Sylla, d'un Pompée, d'un Antoine, des Césars, étanchoient leur soif du sang humain avec le sang de leurs frères, de leurs parens, de leurs concitoyens.

Quelle licence dans les mœurs amena, à sa suite, leur liberté démocratique! On a dit avec raison : « Ce n'est pas la nature, ce sont » les Romains corrompus qui ont formé des » Néron et des Caligula (1). »

Mais le désordre est enfant de l'erreur. L'erreur étoit donc dans la délégation contre nature, faite de l'autorité à une multitude incapable de la posséder.

Le besoin de l'unité n'avoit pas été moins senti dans les républiques de Gênes et de Venise. Elles avoient des doges à leur tête. Dans cette dernière république, une inquisition sévère, confiée à un nombre très-borné de citoyens, y contenoit le peuple dans un état peu différent du mutisme.

Si l'Allemagne, après avoir été régie par des monarques, devint une confédération, cette confédération respecta un chef dans son empereur.

Dans les cantons suisses un peu considérables, il y avoit un conseil préposé à la plus

---

(1) Schwab. Von den Ursachen der Allgemenheit der französischen Sprache, 32.ter Beweis.

grande partie du peuple. Le landamann des
cantons démocratiques en étoit, en quelque fa-
çon, le roi.

Les Etats-Unis de l'Amérique élisent un pré-
sident temporaire.

Tel a même été l'effet des commotions,
fruits amers et communs de toutes les doctrines
favorables à la souveraineté des peuples, que
presque partout aujourd'hui l'on a rayé le nom
de république de la liste des états.

Lassés nous-mêmes des fureurs et des excès
de la démagogie, pour nous remettre des
règnes de la terreur et de la Convention, et
espérant trouver un soulagement dans le despotisme, nous nous sommes jetés dans ses
bras.

Ainsi l'on s'est accordé à retirer le pouvoir
à la multitude, et à le concentrer dans le plus
petit nombre de mains possible ; ainsi l'on a
cédé à la nécessité urgente de rendre l'autorité
à un seul, et de suivre, en cela, la pente de
la nature.

Loin de moi toutefois la censure d'aucune
forme de gouvernement. « Il n'est aucun éta-
» blissement humain qui n'ait ses inconvé-
» niens ; de sorte qu'il faut demeurer dans
» l'état auquel un long temps a accoutumé le
» peuple. C'est pourquoi Dieu prend en sa
» protection tous les gouvernemens légitimes,
» en quelque forme qu'ils soient établis. Qui
» entreprend de les renverser, n'est pas seule-

» ment ennemi public, il est encore ennemi
» de Dieu (1). »

Aussi abandonnant au temps, le soin d'opérer l'heureux changement qui ramène à une
connoissance plus parfaite de la vérité, et, par
cette voie, à l'ordre, source de la prospérité
publique, je respecterai toutes les formes de
gouvernement ; je me bornerai à distinguer
celui sous lequel, d'après l'état actuel de la
société, les écarts de l'indépendance me pa-
roissent devoir être plus aisément réprimés, et
plus sûrement prévenus.

Mais la volonté capricieuse de la multitude
dans les états populaires, n'est point la cause
unique des troubles intérieurs et des secousses
auxquels ils sont exposés. La forme élective
dans un gouvernement ne l'en met guère plus
à couvert.

L'histoire de l'empire romain, celle du
royaume de Pologne, en ont fourni une preuve
aussi triste qu'irrécusable. Cet empire et ce
royaume durent à cette forme de gouvernement, les démembremens et les révolutions
qui les ont fait disparoître. Le même sort eût
été celui de l'Allemagne, si l'élection constante
des princes de la maison d'Autriche, pour empereurs, n'eût rendu cette dignité comme
héréditaire dans cette maison. Cette espèce
d'hérédité a été le boulevard de l'empire,

(1) Politique sacrée.

aussi long-temps que les princes et états y sont restés unis à ces empereurs.

La conviction intime que le repos et le bonheur sont dans la stabilité, voilà ce qui non-seulement a déterminé le choix de la forme monarchique dans un gouvernement, mais a fait recourir encore, pour le perpétuer, à la voie de l'HÉRÉDITÉ.

Je crois ne point déplaire à l'illustre Académie de Dijon, en citant de nouveau l'un des plus beaux génies du grand siècle, un des écrivains qui ont le plus honoré leur pays.

« Or, le peuple, forcé par son propre inté-
» rêt à se donner un maître, ne peut, dit
» Bossuet, rien faire de mieux que d'intéresser
» à sa conservation celui qu'il établit sur sa tête,
» lui mettre l'état entre les mains, afin qu'il
» le conserve comme son bien propre; c'est
» un moyen très-puissant de l'intéresser.

» Mais c'est encore l'engager au bien public
» par des liens plus étroits, que de donner
» l'empire à sa famille, afin qu'il aime l'état
» comme son propre héritage et autant qu'il
» aime ses enfans. C'est même un bien pour
» le peuple, que le gouvernement devienne
» aisé, qu'il se perpétue par les mêmes lois
» qui perpétuent le genre humain, et qu'il
» aille, pour ainsi dire, avec la nature (1). »

La loi d'hérédité constitue un droit pour le

_____

(1) Cinquième avertissement aux protestans.

souverain.

souverain. Elle lui donne le temps d'aviser au bien, de l'opérer, de le consolider.

Elle fut reçue des nations les plus anciennes que nous connoissions.

Nous lui devons l'affermissement de l'autorité dans notre patrie, et sa légitimité, source de tranquillité. Sous la troisième race de nos rois, l'autorité fut d'autant plus respectée et d'autant plus forte, que la monarchie ne participoit plus alors, comme sous les première et seconde races, de la forme de gouvernement élective et militaire.

Si la convention britannique, après l'usurpation de Guillaume, prince d'Orange, exclut tous les princes catholiques du droit de succession à la couronne d'Angleterre, elle n'en reconnut pas moins la nécessité de rester, autant que possible, fidèle à la loi d'hérédité. Et tout en écartant le grand nombre de prétendans (1) que la naissance appeloit à régner, avant George I.er, elle remonta cependant, par la princesse Sophie, jusqu'à Jacques I.er, dont elle étoit la petite-fille, afin de placer sur le trône un descendant de ce roi, dans le fils de l'épouse du duc de Hanovre (2).

_____

(1) L'on en compte jusqu'à quarante-cinq.

(2) « Que notre révolution ne nous trompe pas, dit Hume,
» et ne nous fasse point aimer dans un gouvernement, une
» ORIGINE PHILOSOPHIQUE, au point de regarder tous les autres
» comme de monstrueuses irrégularités; Cet événement lui-
» même est loin de répondre à des idées aussi raffinées. On n'y
» changea que le droit de succession, et seulement en ce qui

B

C'est en vertu de la loi d'hérédité que le pouvoir est sur la terre une véritable PATERNITÉ, selon la belle parole de l'écrivain sacré (1).

« L'idée de ces relations de parens à enfans,
» qui, dans le fait, est l'ame de la constitution
» chinoise, est cause aussi que cette constitu-
» tion n'a éprouvé aucun changement pendant
» plus de trois mille ans. Cette idée rend
» plus légère, en Chine, les chaînes du despo-
» tisme, si pesantes dans les autres royaumes
» de l'Orient. On doit à son influence puissante
» l'attention et les soins délicats de la plupart
» des souverains de ce vaste empire du monde,
» à remplir leurs devoirs sublimes, et à se con-
» sidérer, même encore à présent, comme les
» préposés du Ciel, et non comme les pro-
» priétaires de l'empire. L'idée de ces relations
» est si profondément gravée dans les esprits,
» que les conquérans tartares ont été obligés de
» la respecter, de se l'approprier même, comme
» le prouve l'exemple de Kang-Hi-le-Grand,
» qui s'acquitta, avec le plus grand soin, de
» tous les devoirs de piété filiale (2). »

» touchoit à la royauté; et ce changement ne fut déterminé que
» par sept cents personnes qui prononcèrent sur le sort de dix
» millions d'hommes. Je ne doute pas que la majeure partie de
» ceux-ci n'ait volontiers adhéré à cette résolution; mais leur
» EN LAISSA-T-ON LE CHOIX? Et quiconque refusa de reconnoître
» le nouveau souverain, n'encourut-il pas la peine de la ré-
» bellion (*Essai sur le contrat primitif*)? »

(1) Eph., 3.
(2) Mémoires concernant l'histoire, les sciences, etc., des Chinois, IV.

De quelle autorité cependant seroit investi le monarque dont les actes seroient soumis à la révision des subordonnés ? Concevons-nous un tribunal qui en mérite proprement le nom, si ses sentences ne sont point sans appel ? Et le juge qui décide, ou le juge véritable, n'est-il pas le juge qui prononce en dernier ressort ? Le souverain, pour régner de fait comme de droit, doit être censé n'avoir jamais tort. Par cette fiction seulement, on satisfait à cette inspiration de l'esprit qui ne consent à fléchir que devant une intelligence supérieure.

Le monarque doit donc jouir d'une espèce d'INFAILLIBILITÉ, et sa personne être INVIOLABLE.

Douterions - nous de la nécessité de cette inviolabilité ? Lisons dans l'histoire de toutes les nations, hélas ! et dans la nôtre elle-même, les exemples de vengeances terribles que la Providence tire du peuple qui ne craint pas d'attenter aux jours de son roi ; et frémissons en voyant de quelle manière épouvantable le sang de la victime retombe sur la tête du peuple parricide !

Mais si l'autorité revêtue de ces caractères nous rassure contre tous actes arbitraires de la part de la multitude, n'aura-t-on pas les mêmes actes à redouter du prince dépositaire d'une telle puissance ? Son autorité n'est-elle point alors absolue, illimitée, despotique, humiliante pour le sujet qui incline son front devant l'homme son égal ?

B 2

Nous n'entreprenons point la défense du gouvernement absolu ; mais nous ne confondrons pas ce gouvernement avec l'autorité arbitraire.

Un pouvoir absolu n'est point un pouvoir illimité. Si le souverain qui l'exerce, ne reconnoît personne au-dessus de lui, il y a toujours des lois fondamentales auxquelles il doit se conformer le premier ; des lois nées des circonstances au milieu desquelles le gouvernement a été établi ; des lois basées sur les principes de justice éternelle, gravées dans le cœur de tous les hommes.

Rarement, et plutôt jamais, le prince n'est dépourvu de conseils, il prend leurs avis. Et ce n'a pas été sans danger pour l'état qu'on l'a vu plusieurs fois s'y ranger contre sa propre conviction. C'est, pour citer un exemple peu éloigné, ce que fit Louis XVI, qui désavouoit la part active qu'on crut devoir lui faire prendre dans l'insurrection des Etats-Unis de l'Amérique.

Il est presque inouï que des gouvernemens héréditaires aient présenté une suite de despotes et de tyrans. La domination des empereurs romains, bien que dans un gouvernement électif, nous offre même un intervalle de quatre-vingts ans, pendant lequel des Nerva, des Trajan, des Adrien, des Antonin, des Marc-Aurèle laissèrent respirer le peuple romain.

Soutiendroit - on même un paradoxe, en
affirmant qu'il n'y a jamais eu, qu'il ne peut
même y avoir de gouvernement vraiment despotique, en prenant ce mot dans toute l'étendue
de son acception ?

Est-il, en effet, un seul gouvernement, sans
en excepter celui de Constantinople, dont le
chef ne suive que sa volonté, dont le chef ne
respecte au moins quelques usages, et puisse
les mépriser impunément ?

« Le despote est de plus susceptible de honte.
» Il n'est, ainsi que le tyran, il n'est point
» tout - à - fait indifférent au blâme et à la
» louange, à l'honneur et à l'infamie (1). »

« La terreur ne soumet les peuples qu'un moment. »

Le despote a toujours à craindre que la
multitude, à qui le nombre prête une force au
moins physique, supérieure à la sienne, que
la multitude, lassée de ses crimes, ne brise
enfin la verge qu'il n'avoit étendue que pour
frapper.

Voulons - nous mesurer la grandeur et le
nombre des dangers qui le menacent, jetons
les yeux sur la Turquie, si féconde en exemples
de révolte.

Si toutefois l'altération du régime monarchique enfante le despotisme, une tyrannie
plus insupportable encore naît du gouverne-

(1) Stolberg Geschichte der Religion J. C., II Band.

ment républicain. « La multitude se laisse
» flatter et reçoit le joug (1). » Et ce sont des
états républicains qui ont produit un Marius,
un Sylla, un Octave et, de nos jours, un
Robespierre !

L'autorité d'un seul humilie le sujet au-
dessus duquel elle s'élève ?

« Mais le service du chambellan dans l'an-
» tichambre d'un monarque, est-t-il plus hu-
» miliant que la démarche du citoyen romain,
» baisant la main des prolétaires dont il bri-
» guoit les suffrages, et dont le nomenclateur
» lui appeloit les noms (2) ? »

Ce service le deshonore-t-il plus que les
basses flatteries prodiguées par le démagogue,
à la populace qui poussoit les cris d'une joie
féroce, autour de la victime dont la tête tomboit
sous la hache de ses bourreaux ? à cette populace
dont il mendioit la faveur , et salarioit les
massacres ?

L'autorité, d'ailleurs, suppose un droit. La
force, comme force uniquement, n'en donne
aucun. Le but de l'association étant d'opposer
une force morale à une force physique ou
matérielle, à une force aveugle, la solution
du problème consiste à découvrir cette force
morale, le premier de nos intérêts, et le plus
indispensable des besoins sociaux.

Or, le nombre ne constitue pas l'autorité.

---

(1) Bossue', cinquième avertissement aux protestans.
(2) Stolberg, endroit déjà cité.

Cette force morale n'est donc pas dans la multitude volage, capricieuse, ingrate, que le
mérite offusque, qui condamne un Aristide à
l'ostracisme, parce qu'elle s'ennuie de l'entendre
toujours appeler le juste; qui peut si aisément
cacher ses fautes, qui ne sait point rougir, qui
ne craint rien, si ce n'est peut-être l'ennemi,
quand il est à ses portes (1).

Ne rendons pas inutiles les leçons de l'expérience. Elle nous a fait assez connoître où étoit
l'arbitraire, et de quel côté se trouvoit l'autorité
raisonnable.

Quelle a été la cause de l'assujettissement des
rois à leurs peuples? L'autorité avoit perdu de
sa force morale. La force physique ou matérielle,
la force aveugle avoit pris le dessus.

Pour éloigner cet arbitraire, il convient
donc d'armer l'autorité raisonnable contre cette
force aveugle, contre cette force physique ou
matérielle.

L'autorité combattra avec avantage la force
aveugle, en appelant auprès d'elle, ceux de
ses sujets à qui plus d'aisance a dû procurer
plus de moyens d'instruction. Elle les rappro-
chera d'elle, moins pour les intéresser à la
chose publique, par le lien qui unit la fortune

---

(1) Stolberg, ibid.
Voltaire, en parlant de la démocratie athénienne, écrivoit
au roi de Prusse, le 28 octobre 1773 : « *Je n'aime point le gou-*
» *vernement de la canaille.* » Que penseront les habitans des
chaumières, en remarquant dans *leur* Voltaire, le peu de respect que ce philosophe porte à leur souveraineté?

de l'état à la conservation de la leur propre
que pour s'éclairer de leurs lumières, s'aider de
leurs conseils, s'environner de leur sagesse.

L'autorité combattra la force matérielle, en
travaillant à détacher la multitude de ses sens,
à lui inspirer le goût de tout ce qui élève
l'ame, à l'orner de vertus, *marques cer-
taines d'un cœur noble.* Elle excitera son
émulation par des distinctions, *monnoie d'opinion* (1), qui ne coûte rien à l'état, et l'emporte, aux yeux de l'homme de bien, sur
toute autre récompense. Le souverain ouvrira
à tous également la carrière des honneurs. Il
placera, près de sa personne, ceux qui se
seront signalés par de glorieux exploits. Leur
élévation fécondera des sentimens nobles et
généreux ; elle sera un encouragement, une
source de nouvelles actions plus honorables
encore.

Les distinctions attachées à des fonctions
publiques, servent de barrière au despotisme,
et deviennent une sauvegarde de la liberté.

Elles forment une espèce de gradation qui
présente à la multitude des exemples et des
modèles de subordination, qui lui rend l'obéissance moins pénible, et les distances qui l'é-
loignent du trône, moins sensibles.

Elles ne sont même point particulières aux
états monarchiques. Nous retrouvons des nobles

(1) M. de Bausset, Hist. de Fénélon.

chez les Grecs. Les Romains avoient leurs patri-
ciens ; et ces peuples n'ignoroient pas que ces
distinctions, en multipliant et croisant les
intérêts, introduisoient une surveillance mu-
tuelle, et contribuoient ainsi à la plus grande
sûreté du corps social et à sa conservation.

Seroit - il nécessaire encore de remarquer
combien l'autorité dont nous venons de tracer
les caractères, est accommodée aux besoins,
aux penchans, à toute la nature de l'homme ?

Dans la monarchie, la famille ne fait que
croître et s'agrandir devant lui. Il peut y conserver les mêmes habitudes, s'y livrer aux
mêmes sentimens.

Dans la société domestique, sa soumission
au père de famille se confond avec le respect
imprimé par l'âge. Elle y est allégée par la reconnoissance.

Sous le gouvernement monarchique, la loi
d'hérédité aide à prêter au chef de l'état, cette
ancienneté et cette continuité de services qui
commandent la vénération, excitent la grati-
tude et supposent la prudence des nombreuses
années.

Au sein de la petite famille, l'obéissance est
toute dans la pratique de devoirs sacrés envers
les auteurs de nos jours, et les membres chéris
auxquels le sang nous lie. L'exercice de ces
devoirs est l'unique sacrifice offert à la liberté ;
et l'amour ôte à ce sacrifice ce qu'il auroit
d'amer.

Dans la grande famille, le monarque est également un père ; les concitoyens sont des frères. Ce sont donc les mêmes relations sociales. Ce que l'homme y perd de sa liberté, est un excès qui la fait dégénérer en une liberté aveugle et farouche, en une licence qui, sous toute autre forme de gouvernement, touche plus fréquemment aux deux extrêmes du despotisme et de l'anarchie.

SECONDE PARTIE.

Origine et Base de l'autorité. MAIS en remontant seulement jusqu'à l'homme, pour assigner l'origine de l'autorité chargée d'assurer le repos et la prospérité de la société, aurons nous entouré cette autorité d'une considération suffisante ? Pourra-t-elle se promettre la victoire dans les combats qu'elle aura à soutenir contre la force aveugle et physique ? Une origine purement humaine lui confère-t-elle des droits réels à l'obéissance de ceux qui lui seront soumis ?

Des lois, ouvrage de l'homme, sont loin de prescrire tout ce qu'il importe de faire. Elles se bornent le plus souvent à dire ce qu'il faut éviter. Et que de conseils pourtant il faut donner, que d'actions même il faut commander, pour obtenir la pratique des vertus ordinaires, pour prévenir les crimes matériels et notoires, les seuls qui attirent l'animadversion de ces lois !

Combien même de délits et de forfaits que la justice humaine ne peut atteindre, et qui n'en menacent pas moins la société de sa ruine !

Cette justice n'a d'ailleurs en sa puissance que des supplices incapables trop souvent d'intimider le scélérat. Quelles craintes peut inspirer au coupable un moment de douleur à peine sentie, qui le plonge dans un néant, son dernier espoir et l'unique article de sa croyance ?

Otez une autre vie, quelle est, dans celle-ci, la sanction de la loi ? Où est la loi ? Est-il même une action qu'on puisse, avec raison, qualifier de condamnable, lorsque l'acte dont j'attends ce que j'appelle félicité, est, à mes yeux, le seul moyen de satisfaire le désir d'un bonheur que je ne trouve qu'ici-bas ? Cet acte peut-il être illicite et criminel, quand ce désir est, pour moi, la loi suprême ? Eh ! ne semble-t-on pas aussi vouloir effacer de nos dictionnaires, le mot *crimes*, et tout au plus y lire encore le mot *erreurs* ?

La sanction véritable et dernière de la loi, pour n'être pas illusoire et injuste, doit donc être dans un autre monde. La loi la reçoit d'une autorité surhumaine. Elle n'est elle-même, elle ne peut être que la volonté d'un être supérieur à l'homme, car l'homme n'a, par lui-même, aucun droit de commander à son semblable.

Si l'existence de la société emporte des droits

et des devoirs, ces droits et ces devoirs sont dans l'ordre éternel des choses. Le Dieu qui veut la société, est donc le Dieu qui départ les droits, qui impose les devoirs nécessaires à l'existence de cette société. Et l'autorité, sans laquelle il n'y auroit qu'anarchie, est dans les desseins de Dieu.

C'est donc par lui que l'autorité existe, ou, en d'autres termes, c'est « par lui que les rois » règnent et que les législateurs publient des » lois justes (1). » Le pouvoir est donc établi par Dieu ; et, à moins de recourir à de misérables chicanes, il est vrai de dire que « celui » qui résiste à ce pouvoir, résiste à l'ordre de » Dieu (2). »

Ainsi « comprenons dans la royauté quelque » chose de plus grand que ce que l'ignorance » y admire. Ce ne sont ni les palais, ni les » trônes, et pour dire quelque chose de plus » redoutable, ce ne sont ni les forteresses, ni » les armées qui me montrent la véritable gran- » deur de la dignité royale. J'élève mes yeux » jusque sur Dieu même, et de cette majesté » infinie je vois tomber sur les princes un » rayon de gloire que j'appelle royauté (3). »

Les anciens avoient également eu l'idée de la majesté dont l'Auteur de l'univers environne

_____

(1) Prov. VIII.
(2) Rom. VIII.
(3) Bossuet.

le mortel né pour commander à d'autres
hommes.

« Il me semble, dit Xénophon, que les
» Dieux ont répandu sur la personne de celui
» qui règne, une certaine dignité, une cer-
» taine grâce qui l'accompagnent partout. Non
» qu'elles ajoutent à la beauté de son corps,
» mais nous croyons le voir avec plus de plaisir
» qu'auparavant, quand il n'étoit que simple
» particulier; et l'on éprouve plus de satisfac-
» tion à s'entretenir avec les personnes revêtues
» de quelque autorité, qu'avec ses égaux (1). »

La considération et le respect que nous ac-
cordons aux premières, prennent leur source
dans un sentiment dont nous ne pouvons nous
défendre.

Les acclamations qui portent, à l'oreille des
rois, les hommages des peuples, s'élèvent spon-
tanément. Elles les instruisent des vœux de la
reconnoissance, aussi bien que de ceux de
l'amour.

Le sujet se réjouit à la vue de l'héritier du
trône. Il salue de loin, dans l'enfant royal,
l'espoir de la nation, son chef et son conduc-
teur futur. Il célèbre, par des fêtes, l'avène-
ment au trône du prince dont il n'a pas même
connu le gouvernement; et l'amour, chez lui,
précède la reconnoissance.

En plaçant ailleurs que sur la terre l'origine

---

(1) Hiéron, VIII. V.

de l'autorité, l'obéissance qu'on doit au prince
n'a plus rien d'humiliant. Elle nous honore aux
yeux de Dieu, elle nous soumet à l'ordre éternel, et toute autre soumission nous rend esclaves
de l'homme.

L'obligation de cette obéissance ayant sa
racine dans la conscience, la religion seule
fournit donc au souverain des secours efficaces
contre les écarts de l'indépendance.

Secours d'autant plus indispensables, que le
scélérat conspire en secret, qu'il s'enveloppe
du mystère, ourdit des trames ténébreuses, et
s'enfonce tellement dans les détours du mensonge, de la fourbe et de la perfidie, que le
fil qui guideroit la justice humaine dans le la-
byrinthe du crime, échappe à la clairvoyance
et à la pénétration des juges.

Secours d'autant plus indispensables, que les
désordres de l'indépendance sont le produit des
principes subversifs de tout ordre social, col-
portés, de nos jours, jusque dans les réduits
les plus obcurs.

L'on voudroit en vain se le dissimuler, c'est
aux doctrines pernicieuses qui privent l'autorité de son origine céleste, que nous devons
les explosions de la force aveugle et physique,
ses délires et ses excès.

Les dissensions affreuses, les désordres in-
finis qui en ont été les conséquences terribles,
« ont, dit J. J. Rousseau, montré, plus que
» toute autre chose, combien les gouverne-

» mens humains avoient besoin d'une base
» plus solide que la SEULE RAISON, et combien
» il étoit nécessaire au repos public, que l'au-
» torité divine intervînt, pour donner, à
» l'autorité souveraine, un caractère sacré et
» inviolable qui ôte aux sujets le funeste droit
» d'en disposer (1). »

Que la théorie, en effet, assure à une forme
de gouvernement, l'avantage et la supériorité
sur toutes les autres, cette forme, dans le
cours ordinaire des événemens, peut offrir
plus de moyens de retenir les peuples dans le
devoir, de les mettre à l'abri des abus de
l'autorité, et d'éloigner les grandes crises de
l'état. Mais les passions, qui dominent les
hommes, étant partout les mêmes, les commotions violentes qu'excite leur déchaînement,
différant peu les unes des autres, la prospérité
des empires, ainsi que leur salut, dépendent
moins, en général, de la nature des législations,
des constitutions et des théories, que du frein
mis à ces passions par la religion.

Non, « jamais état ne fut fondé, que la reli-
» gion ne lui servît de base (2). » Et « la reli-
» gion et les mœurs sont les deux ancres qui re-
» tiennent le vaisseau de l'état pendant la tem-
» pête (3). »

(1) Discours sur l'origine et les fondemens de l'inégalité parmi
les hommes, Part. 11.
(2) Contrat social, l. 1v, ch. v111.
(3) Esprit des lois, l. v111, ch. x111.

Où est la patrie, quand il n'y a pas de religion ? César nia, en plein sénat, l'immortalité de l'ame et l'existence d'une vie future ; et César fut l'oppresseur de Rome. Caton croyoit à l'une et à l'autre, et Caton combattit pour la liberté.

Nous élèverions donc, sur le sable, l'édifice social, si, par un aveuglement inexplicable, nous différions de serrer les nœuds d'une alliance devenue plus que jamais nécessaire entre la politique et la croyance religieuse; et nous nous ferions une illusion grossière, si nous nous abandonnions à des abstractions et à des généralités sur cet objet.

Les lois constitutives des états ayant ou devant avoir, pour fondemens, celles de la morale universelle, ne pensons pas que nous puissions être redevables à une croyance indistinctement, du bienfait de préserver cette morale de toute altération, et de servir ainsi de base au trône, de garantie aux droits des peuples, et d'appui à l'autorité.

« Dans un état bien constitué, a dit un » philosophe payen (1), les premiers soins » doivent se tourner vers la religion VÉRITABLE, » et non vers une religion QUELCONQUE, » et nous chrétiens, nous mettrions sur la même ligne, l'influence de la vérité et celle de l'imposture et de l'erreur ! Une telle indifférence nous

_____

(1) Platon.

replongeroit

replongeroit dans le vague dont il est si pressant de sortir ; et notre insouciance auroit pour terme une incrédulité funeste, qui nous a déjà placés sur le bord de l'abîme, et nous y tient encore suspendus.

La vérité seule est utile aux hommes ; et la vérité est une.

L'examen des principes religieux dans lesquels l'autorité puisera les moyens destinés à réfréner la licence d'opinion, qui conduit à l'erreur et à la révolte, appartient donc à la question que nous traitons ; il n'en peut être séparé, et il lui est d'autant moins étranger, qu'elle consiste, en partie, à définir la nature de l'autorité qui, prévenant les écarts de l'indépendance dans la SOCIÉTÉ RELIGIEUSE, devient le premier de nos intérêts, et le plus indispensable des besoins sociaux.

Cet examen aujourd'hui ne peut même plus être long et embarrassant. Excepté le catholicisme et le paganisme (qui peut-être n'obtiendra pas la préférence), toutes les religions dégénèrent en un pur déisme, ou le protestantisme actuel (1). N'accordant à l'homme d'autre guide que sa SEULE RAISON, le choix entr'elles ne se balance plus qu'entre le catholicisme et ce protestantisme.

Mais les épaisses ténèbres qui, chez tous les peuples (un seul mis à part, confiné dans la

(1) Voyez *De l'influence de la réformat. de Luther*, Lyon, 1822.

C

Judée), ont obscurci les premières notions de la Divinité ; mais les erreurs qui ont infecté leur morale, leur politique et leur théologie, et les ont marquées au coin du mensonge, de l'homicide et de l'impudicité ; mais les variations du genre humain, jusqu'à nos jours, sur les objets le plus intimement liés avec son bonheur, ne nous ont-elles pas donné la mesure et la valeur de la règle de foi, laissée à chaque homme, par le protestantisme ? N'établissent - elles pas évidemment le besoin de communications avec un être supérieur, reconnu, comme on l'a dit plus haut, par les plus sages du paganisme ?

La raison de l'homme, qu'un philosophe trop fameux étoit tenté de croire n'*être bonne à rien* (1), la raison de l'homme, déclarée une fois l'unique juge de la vérité de sa croyance religieuse, dans le combat que les passions et cette raison se livreront, il n'est pas difficile de proclamer le vainqueur ; l'intéressé n'est que trop assuré de la victoire.

Tous les législateurs de l'antiquité ont cru, dans leur sagesse, devoir assigner à leurs lois une origine céleste, et nous permettrions à la raison seule de les dicter ! A la raison foible, orgueilleuse, *amas d'incertitudes*, comme s'exprime Pascal ! Ne seroit - ce point créer autant de législateurs que de raisonneurs ?

_____

(1) Voltaire (lettre au roi de Prusse, 1.er novembre 1769).

La raison, unique règle de foi et de conduite !

Alors la religion est nulle, et l'échafaud est l'impuissant et dernier épouvantail du transgresseur de la loi, si toutefois il peut y avoir des obligations et des coupables, quand chaque individu est maître de se prescrire ses devoirs !

Il n'y a plus même de droits, ou plutôt il n'en existe qu'un, celui du plus fort. Alors règne l'arbitraire, l'indépendance, la force aveugle et physique.

L'autorité qui n'a d'autre auxiliaire que le protestantisme, s'appuie donc sur un roseau. Et comme il n'y a point, dans ce système, de religion nationale, qu'il ne peut y en avoir, le souverain, comme souverain, n'en reconnoît aucune. Le peuple n'a donc pas plus de garant contre les abus de l'autorité, que cette autorité n'a de bouclier contre les écarts de l'indépendance. L'autorité n'est plus elle-même qu'un mot vague. Chacun étant sa règle à lui-même, il n'y a plus de règle, plus de lien entre les hommes, dès lors plus de religion ; il n'y a que désordre, anarchie, ainsi plus de société, plus de bonheur !

Opposons au protestantisme, la religion des catholiques. Qu'elle est solide la base sur laquelle cette religion assied l'autorité du roi, pour la rendre plus imposante et en accroître la force morale ! Combien sont nombreux et puissans les moyens qu'elle met à sa dispo-

sition, pour maintenir l'ordre et la subordination parmi les peuples !

Elle présente aux nations, dans le souverain,
une image vivante de la Divinité. Dieu voit, en
lui, l'homme de sa droite (1). « Il exerce ses
» justices (2) ; il prononce ses jugemens ; il
» est son ministre, pour récompenser les bons
» et punir les méchans (3). »

« Oint du Seigneur (4) , » l'huile sainte
répandue sur sa tête, rappelle l'origine céleste de son autorité. Elle est le symbole des
paroles suaves qui couleront de ses lèvres, et
de la douceur qui tempérera la sévérité de son
gouvernement.

« Son trône est affermi par la clémence (5). »
Il doit *paître* son peuple, selon l'expression
remarquable des livres saints. « La loi, dont
» le volume doit être sans cesse à ses côtés,
» lui ordonne de ne point élever son cœur
» au-dessus de ses frères (6). Il règne, parce
» qu'il sert ; il règne, parce qu'il meurt pour
» ses sujets (7). »

Cette religion lui montre, dans le ciel, un
juge qui l'interroge du haut de son trône, un
juge d'autant plus redoutable, qu'il aura été

(1) Ps., 79.
(2) II. Par., xix.
(3) I. Petr. ii.
(4) II. Reg., I.
(5) Prov. xiv.
(6) Deut. xvii.
(7) S. Chrysost. , hom. de cruc. et latr. , n.º 2.

départi à ce roi une plus grande puissance (1).

Malheur au souverain qui ne feroit pas de la loi sainte, la *méditation de toute sa vie !* Malheur au roi, s'il pensoit que les divins oracles de cette loi ne regardent que son peuple ! Son exemple, quoi qu'il fasse, ne sera pas perdu. L'irréligion et l'incrédulité du peuple feront justice du singulier privilége que le prince ose s'attribuer ; elles amèneront bientôt ces soulèvemens destinés à châtier l'impiété du roi.

Mais la religion qui environne le monarque pieux de la vénération des peuples, qui modère et qui règle, avec tant de sagesse, son autorité, met seule et retient l'homme tout entier dans la dépendance des lois.

Eh! quelle autre fixe plus certainement, que ne le fait le catholicisme, les devoirs de tous les membres de la société domestique, type et fondement de toute autre société ?

Quelle autre religion attache plus de dignité au lien important du mariage, en resserre davantage les nœuds sacrés, inspire aux parens et à leur progéniture, des motifs plus tendres et plus impérieux de remplir leurs obligations mutuelles, et adoucit, plus qu'elle, la condition du serviteur ?

Quelle autre assure l'observation de la loi, par des motifs plus pressans, des exemples plus entraînans, une sanction plus inévitable,

(1) Sap., VI.

et promulgue cette loi, avec une autorité plus irréfragable?

Elle fait plus que de punir le crime; elle le prévient, en jetant l'épouvante dans le cœur du scélérat. Elle met au fond de sa conscience, le motif de pratiquer la loi ; elle condamne jusqu'au désir du mal. Ainsi qu'elle atteint le crime commis dans le secret du cœur, de même elle réserve une couronne à la bonne œuvre qui n'a que Dieu pour témoin et pour juge.

« Les vertus privées font les vertus pu- » bliques (1). » C'est aussi, en formant des époux fidèles, des parens vigilans et vertueux, des fils respectueux et reconnoissans , des maîtres bons et indulgens, des serviteurs soumis , que le catholicisme prépare et forme, d'une manière aussi imperceptible que sûre, de bons citoyens.

Religion de paix, d'union et de concorde, elle seule rassemble tous les élémens de la société civile et politique , et y multiplie des gages et des garants de tranquillité et de bonheur.

Si les peuples catholiques se soumettent à leurs chefs, c'est pour obéir à la volonté de Dieu. Ils exécutent leurs ordres, « par devoir » de conscience, plutôt que par la crainte du » châtiment (2). » Ils restent même fidèles

___

(1) Thomas, éloge de Sully. Notes.
(2) Rom. , VIII.

« aux princes fâcheux et inexorables (1). »

Le catholicisme ne leur conseille pas de ne point se soulever, il le leur défend; il leur en fait une obligation, à titre de religion et de piété (2). Obligation conforme à la raison et au véritable intérêt des peuples; car il vaut mieux qu'ils « hasardent d'être maltraités quel-
» quefois pour un souverain, que de rester
» exposés à souffrir de leurs propres fureurs,
» s'ils se réservoient quelque pouvoir (3). »

La société subsiste par les beaux dévoû-mens de ses membres. Le catholicisme les leur rend plus faciles par les privations qu'il leur impose. Il les y excite encore par le plus grand exemple qui puisse les animer, le dévoûment même de l'Homme-Dieu.

Religion de véritable affranchissement, le catholicisme promet « la liberté des enfans de
» Dieu(4); » c'est-à-dire, une liberté qui n'exige d'autre sacrifice que celui qui subor-donne l'enfant à son père, d'autre soumission que celle qui est compatible avec les droits de tous, la seule liberté, dès lors, qu'un homme raisonnable puisse désirer et posséder.

Montrant, dans les supériorités, une suite de l'ordre établi par Dieu, le catholicisme ré-prime les enflures de l'orgueil; il étouffe jus-

---

(1) I. Petr. 2.
(2) Tertull., apol.
(3) Bossuet, cinquième avert. aux protest.
(4) Rom., VIII.

qu'aux mouvemens de la jalousie. Il console
même des inégalités inséparables de l'existence
de la société ; car il garantit à tous les hommes,
la seule égalité à laquelle ils puissent pré-
tendre, l'égalité devant un Dieu aux yeux du
quel rien n'est petit, parce que rien n'est grand
devant lui.

« L'essence du catholicisme étant vérité,
» pureté, amour, comme l'essence du soleil
» est lumière, pureté, chaleur (1), » à lui
seul appartient donc le perfectionnement de
l'homme, et, par une suite nécessaire, la civilisation des peuples, le maintien de l'ordre
et de la subordination dans toute espèce de
société DOMESTIQUE ET CIVILE.

Mais une religion descendue du ciel ne peut
se conserver, dans son intégrité, si on l'aban-
donne à l'interprétation des hommes. Livrée à
leurs capricieux développemens, elle seroit
bientôt mise en pièces. Sa conservation exige
donc l'érection d'un tribunal qui termine toutes
les disputes. C'est aussi avec l'autorité de
l'Eglise, que le catholicisme seul prévient encore
les écarts de l'indépendance, dans la société
RELIGIEUSE.

L'auteur et le chef du catholicisme est
donc la PIERRE ANGULAIRE aussi bien de l'édifice social, que de l'édifice religieux, et sa religion est l'AUXILIAIRE le plus puissant, l'UNIQUE

(1) Stolberg, endroit cité.

même, qu'un souverain puisse opposer , avec
confiance et succès , au choc des passions;
celui qu'il doit choisir, de préférence , pour
concilier à son autorité le respect et la vénération de son peuple. Les rois ont donc le plus
grand intérêt à se rendre les protecteurs et les
prosélytes de cette religion , et à la faire fleurir
dans leurs états.

Chaque page de l'histoire vient à l'appui de
ces assertions.

« Chez tous les peuples idolâtres, qui ont
» ignoré le Médiateur (Jésus-Christ), il y a
» eu ignorance profonde de la nature de Dieu
» et des besoins de l'homme, absurdité dans le
» dogme, abomination dans le culte, atrocité
» dans les lois , férocité dans les mœurs, peur
» de Dieu, haine de l'homme, barbarie enfin...
» Et il y a eu toute connoissance de la nature
» de Dieu et des besoins de l'homme, du pou-
» voir de l'un et des devoirs de l'autre, toute
» raison , toute sagesse , toute bonté, toute
» vertu, amour parfait de Dieu et de l'homme,
» ORDRE parfait, ou CIVILISATION consommée
» dans la société chrétienne qui a une con-
» noissance pleine et entière du Médiateur
» venu (1). »

» Le christianisme a empêché le despotisme
» de s'établir en Éthiopie. Il a porté, au milieu
» de l'Afrique, les mœurs de l'Europe et ses

(1) Législ. primit., l. 1 , ch. v.

» lois. Nous lui devons, dans le gouverne-
» ment, un certain droit politique, et, dans
» la guerre, un certain droit des gens que la
» nature humaine ne sauroit assez recon-
» noître (1). Et nos gouvernemens modernes
» lui sont incontestablement redevables de leur
» plus solide autorité et de leurs révolutions
» moins fréquentes (2). »

Il y auroit même ingratitude, à nous Français particulièrement, de disputer, à son influence, la tranquillité dont notre royaume a
joui plus constamment que les autres empires,
et cette civilisation par laquelle la France est
devenue « le modèle de l'Europe moderne (3). »

Notre monarchie « a été faite par les évê-
» ques, » dit Gibbon. Ce furent eux, alors que
nous étions barbares, qui nous apprirent à
*brûler ce que nous avions adoré, et à adorer
ce que nous avions brûlé.*

Ils nous donnèrent les premières notions de
la propriété. Une très-grande partie de la
France dut sa fécondité aux cénobites qui la
défrichèrent.

Les conciles furent le modèle de nos assem-

---

(1) Esprit des lois, l. 24, ch. III.
(2) Emile, profession de foi du vicaire savoyard, vers la fin,
à la note.
(3) Eichhorn, allgemeine Geschichte der cultur und litteratur
der neurn Europa, r. B. S., 173.
Voyez aussi Guillaume Malmesbury (de gest. Angl.) Il assure
qu'en Angleterre, du temps du roi Egbert (827), les Français
étoient regardés comme les modèles des peuples d'Occident.

blées nationales. Notre ordre judiciaire fut cal-
qué sur les formes de la jurisprudence ecclésiastique ; elles en bannirent la férocité ; et nos
lois plus douces et plus justes , par une suite
de l'influence religieuse , « avoient été reçus
» de l'Europe presque toute entière (1). »

Les évêques et les autres membres du clergé,
furent les premiers fondateurs des asiles con-
sacrés au soulagement de l'humanité.

Les maisons de ces évêques, les cloîtres des
chapitres, furent les premiers sanctuaires de la
science , et les solitudes des monastères , les
retraites des muses fugitives.

Les idées d'honneur, conservées dans la
nation , étoient-elles autre chose qu'un sentiment plus délicat de ce qui est louable et
honnête, qu'une vertu plus relevée et plus
pure , sur laquelle l'influence du catholicisme
n'est pas douteuse ?

Le clergé qui maintenoit cette influence,
recevoit du chef même de la catholicité, ce
témoignage flatteur, que « l'Eglise de France ne
» marchoit pas à la suite des autres nations ,
» mais qu'elle les précédoit toutes (2). »

Le souverain, dont le pouvoir étoit affermi
sur les débris de l'autorité des vassaux, étendoit
sa protection sur le peuple. Et le premier mo-

_____

(1) Ducange , préf., §. xvii.
(2) Bref de Grégoire IX aux chapitres de Reims, de Paris,
et autres églises. Raynald, an 1227.

narque qui s'occupa de l'affranchissement des serfs et de l'établissement des communes, recommandoit à son fils, « de se souvenir et
» d'avoir toujours devant les yeux, que l'au-
» torité royale n'est qu'une charge publique
» dont il rendroit un compte très-exact. »

Le roi, dont nous venons de rapporter les dernières paroles, étoit le bisaïeul de ce Louis IX qui, après avoir été choisi pour arbitre entre les rois et leurs peuples, après s'être montré comme « un des plus grands
» hommes et des plus singuliers qui aient
» jamais été (1), » fut mis, par l'Eglise, au rang de ses saints.

C'est aux efforts constans de nos monarques TRÈS-CHRÉTIENS, que tous les corps de l'état durent de participer à la liberté par portions plus égales.

Des mœurs douces, alliées à une liberté décente, furent dès les temps les plus anciens (2), le caractère distinctif de la vraie politesse française.

« Cette politesse tenoit le milieu entre la
» timidité et la licence effrénée ; elle répan-
» doit ses charmes sur le commerce de la vie;
» elle arrêtoit les explosions des passions in-
» sociables..... Elle rapprochoit tous les états de

_____

(1) Daniel.
(2) On lit dans une lettre de Thomas Becket, que la nation française passoit pour la plus polie.

» la société ; elle rétablissoit, en quelque ma-
» nière, parmi les hommes, l'égalité primi-
» tive. Elle étoit, en un mot, la plus belle
» fleur de l'humanité (1). »

Telle fut l'influence de ce catholicisme et
de son esprit conservateur sur l'autorité de
nos rois, sur nos mœurs, sur la prospérité
et la gloire de notre patrie !

Influence si marquée, que le siècle le plus
religieux de la monarchie, fut le siècle même
où « aucune autre nation que la nation fran-
» çaise ne pouvoit se glorifier d'une civilisa-
» tion semblable à la sienne (2). »

Avant de renverser cette autorité et de ternir
tant d'éclat, il fallut *décatholiciser* la France !
Et aux coups portés à l'arbre antique de la monarchie, peut-on méconnoître l'effet des doctrines propagées par les Wiklef, les Jean Hus,
les Luther, aux quinzième et seizième siècles ?

Du moment où ces chefs du protestantisme
firent, des dogmes de la religion, l'objet de
leurs attaques aussi téméraires que hardies,
et des autorités religieuses, celui de leurs mépris, de ce moment l'on vit une *démocratie
turbulente* (3) et politique, marcher, d'un pas

---

(1) Schwab, von der Ursachenr der Allgemenheit der Französischen sprache. I. Frage. 3. Abschnitt.

(2) Schwab, ibid.

(3) Expression de la satire ménippée.

« La démocratie, dit Voltaire, étoit le grand but des pré-
» dicans » (siècle de Louis XIV, ch. 36).

égal, avec leur démocratie religieuse. Ils mirent le peuple hors d'une règle qui s'*étend même à Dieu*, dit Bossuet; et « ce peuple, » pour valider ses actes, n'eut plus besoin » d'avoir raison (1). »

Aussi leur réformation « ne fut qu'un redou- » blement de calamités pour l'espèce hu- » maine (2). » Le désordre et la confusion envahirent, pour ainsi dire, les sociétés religieuse, domestique et civile. Non-seulement tous les liens de la première furent dissous, les nœuds qui tenoient unis l'épouse et l'époux, les parens et leurs enfans, furent rompus. Le divorce trouva son motif dans le crime facilité pour l'autoriser. La mère fut arrachée à l'enfant qu'elle avoit porté sous son cœur; et l'enfant implora vainement l'aide et les secours de parens chéris que la nature lui donnoit pour soutiens.

« Cette réforme rendant les hommes plutôt » pires que meilleurs (3), » remettant le sceptre entre les mains de la multitude, suscita ces guerres désastreuses « qui se prolongèrent » pendant plus d'un siècle et demi, dépeu- » plèrent des provinces entières, y anéantirent » l'agriculture, le commerce, l'industrie, coûtè- » rent la vie à plusieurs millions d'hommes, et » changèrent même la patrie de Luther en un

---

(1) Jurieu.
(2) Descharni, de l'égalité.
(3) Iselin's Geschichte der menscheit. II Band, VI Buch, 17 Hauptstuck.

» vaste cimetière, où deux générations furent
» englouties (1). »

Avant ce chef de sectes, on eut, il est vrai,
à déplorer parmi les chrétiens, des guerres
longues et meurtrières. Le catholicisme ne put
pas toujours en préserver les peuples ; mais
sans rappeler qu'il en diminuoit les horreurs,
qu'il suspendoit les hostilités, en procurant des
trèves de Dieu, qu'il jetoit l'olivier de la paix
au milieu des combattans ; avec ce catholicisme
plus ou moins mal pratiqué, l'on étoit plus
emporté que corrompu. Les principes n'étoient
pas méconnus ; il restoit au moins quelque
espoir de sauver encore la société de la barbarie.

Eh ! les guerres les plus cruelles et les plus
dévastatrices ne furent-elles pas, de tout temps,
celles qui eurent leur cause dans la confusion
des élémens de la société, produite par les
insurrections des peuples ? Guerres intestines
où le citoyen s'arme contre le citoyen, le
frère contre son frère, le fils même contre
l'auteur de ses jours.

Nous nous asbtiendrons de plus grands
développemens. Seroient-ils nécessaires aux té-
moins, aux victimes mêmes des suites horribles
et funestes de la propagation des doctrines
protestantes et prétendues philosophiques ?
Puisse l'incendie que ces doctrines anti-sociales
ont allumé, qu'elles attisent et alimentent

(1) Villers, Essai sur l'esprit et l'influence de la réformation
de Luther, 3.º édit., Paris 1808.

encore, ne point étendre plus long-temps ses ravages sur les deux hémisphères en proie à sa flamme dévorante !

Sachons donc reconnoître et apprécier le bienfait du Ciel dans le rétablissement et du culte de nos pères, et de l'autorité légitime, en notre beau pays de France.

Autorité vénérable par son ancienneté et ses longs services.

Autorité soigneuse à rechercher le mérite, à le récompenser, à conserver la mémoire de tous les hauts faits, à choisir dans les Français qu'ils illustrent, des soutiens du trône et des défenseurs des libertés nationales.

Autorité non contente de s'appuyer sur ces colonnes inébranlables, qui appelle encore à ses conseils toute la nation représentée par ses membres les plus recommandables ; autorité dès lors *essentiellement raisonnable*, qui ne *laisse rien à l'arbitraire*.

Autorité paternelle et très-chrétienne, dont *l'influence sur notre conduite privée et nos habitudes morales*, date de l'érection même de la monarchie, et nous a rendus un des peuples les plus doux et les plus polis de l'Europe.

Autorité dont la prépondérance politique a son fondement dans la modération, l'équité, cette justice et cette bonne foi qui, « fussent-» elles bannies du reste de la terre, se retrou-» vent dans la bouche et le cœur de nos rois. »

Autorité

· Autorité dont l'existence est en *parfaite harmonie avec l'esprit, le cœur et toute la nature des Français;* avec leur courtoisie, leur loyauté, leur valeur chevaleresque, ce désintéressement qui leur fait *tout perdre, fors l'honneur;* avec cet amour qui les rallie toujours autour du panache blanc; amour dont un *règne de la terreur* put, quelques instans, paroître comprimer les élans, mais amour inextinguible ! j'en appelle aux transports d'alégresse qui éclatèrent dans toute la France, au retour du descendant de Henri IV ! J'atteste l'enthousiasme

» Qui fit voler partout les cœurs à son passage! »

Me livrerois-je à une vaine conjecture, en prêtant à l'illustre Académie de Dijon, la pensée vraiment patriotique d'avoir voulu fixer l'attention de l'écrivain qui s'efforceroit de lui répondre, sur le bonheur qu'a retrouvé la France dans la possession de son roi; de son roi formé à l'école du malheur, dans la pratique de toutes les vertus ; de son roi, restaurateur de toutes les libertés publiques ?

Le vœu de cette compagnie fut, sans doute, que la solution qu'elle demandoit, contribuât à exciter de plus en plus la reconnoissance des Français pour ce roi; qu'elle les attachât à la charte, *palladium* de leurs libertés (1) ;

_____

(1) On attribue les paroles suivantes à Napoléon Buonaparte,

D

qu'elle leur rendît plus précieuse cette légitimité que

« Du sang de nos rois une goutte échappée »

Cimente et perpétue ; qu'enfin , elle
les pénétrât d'amour pour une religion qui,
SEULE, affermit et soutient les trônes , répand
les bénédictions sur la petite famille ; défend
contre toutes atteintes les droits et les libertés
de la société civile , la prémunit contre les
dangers de l'arbitraire ; sauve la société religieuse de l'anarchie des opinions, et présente
à tous un repos dans le doute , un espoir dans
les peines , un refuge dans le malheur, un
port après la tempête , une couronne après le
combat.

L'autorité de notre roi, assise sur cette base
sacrée , est donc vraiment « L'AUTORITÉ QUI,
» PRÉVENANT LES ÉCARTS DE L'INDÉPENDANCE
» DANS LA SOCIÉTÉ RELIGIEUSE, CIVILE ET
» DOMESTIQUE, DEVIENT LE PREMIER DE NOS
» INTÉRÊTS , ET LE PLUS INDISPENSABLE DES
» BESOINS SOCIAUX, »

_____

s'expliquant, à Sainte-Hélène , sur la charte que Louis XVIII a
donnée aux Français,

« La charte ne'st pas un contrat avec la nation,.. Elle est une
» émanation de la puissance royale. C'est une manière de gou-
» verner comme une autre, et la France a dû se trouver heu-
» reuse , au moment où la révolution étoit vaincue par la coali
» tion de l'Europe, de recevoir de la puissance royale , une
» concession aussi importante pour ses libertés!! » (Voyez
Mémoires pour servir à l'histoire de France sous Napoléon , écrits
par M. le général comte de Montholon, t. II , p. 306 , Paris 1823.)

FIN

www.ingramcontent.com/pod-product-compliance
Lightning Source LLC
Chambersburg PA
CBHW072017290326
41934CB00009BA/2116